La primera curva

La primera curva

José Luis Charles González

www.librosenred.com

Dirección General: Marcelo Perazolo
Dirección de Contenidos: Ivana Basset
Diseño de cubierta: Daniela Ferrán
Diagramación de interiores: Julieta L.Mariatti

Está prohibida la reproducción total o parcial de este libro, su tratamiento informático, la transmisión de cualquier forma o de cualquier medio, ya sea electrónico, mecánico, por fotocopia, registro u otros métodos, sin el permiso previo escrito de los titulares del Copyright.

Primera edición en español - Impresión bajo demanda

© LibrosEnRed, 2010
Una marca registrada de Amertown International S.A.

ISBN: 978-1-59754-583-9

Para encargar más copias de este libro o conocer otros libros de esta colección visite www.librosenred.com

Ese extraño poder

Esa mágica cualidad que tú tienes
de provocar cambios en mi vida
hace que, de pronto, tenga miedo
de que al sentir algo no me mida.

Ese cálido sentir que me llega
sólo al verte pasar frente a mí,
valiéndote de tus poderes secretos
que hacen que solo quede ante ti.

Esa trágica esperanza que conservo
de que ese poder no me toque más
se viene abajo cada vez que apareces
y me conviertes a tu causa aún más.

Ese extraño poder que tú tienes
de destruir y crear, y también transformar
todo mi interior, todo mi exterior;
nada queda a salvo de tu voluntad.

Ese extraño capricho que Dios te dio,
ese mítico poder de manejarme así
es algo que me aterra ver, incluso oír.
Sé que no hay defensa, solamente huir.

José Luis Charles González

Ese soberbio poder que lo toma todo
y nunca pide permiso para llegar o entrar
con todo derecho pasa, y suyo te hace
ese noble orgullo de tu extraño soñar.

Ese enorme don, al que llamo poder,
temible castigo, delicioso placer,
es ahora mi punto de mayor debilidad
cada vez que lo usas al aparecer.

Eso que llaman poder, y que algunos niegan,
otros sólo lo sufren, y a algunos no llega.
Lo que sí sé, es que difícil resulta
pasar ignorando, lo que ahora regalas.

Este mágico sueño, este increíble dolor,
todo tú te lo has llevado, con sólo mirar.
Tú lo sabes; no has, incluso, batallado
usando tu temible castigo, ese extraño poder.

Alegre estoy porque ni tú sabes lo que es.
Sin embargo sigue actuando, deja de negarlo,
sólo hay que sentirlo, aunque verlo no puedas
a este suave castigo, a ese extraño poder.

Ese extraño poder que tú tienes
de destruir y crear, y también transformar
todo mi interior, todo mi exterior;
nada queda a salvo de tu voluntad.

Atado a tu piel

Estoy enamorado de ti esta noche...
Unas hermosas cadenas a ti me atan.
Estoy enamorado, sube a mi coche,
que estas rosas te digan, también te aman...

No me digas que no, si sólo al verte,
he soltado un suspiro porque me ahogaba.
Dame tu mano, que la mía ya la ansia;
mi corazón, mis ojos, ya te necesitan...

Ahora bésame, que me estoy congelando
—buena excusa que me vino a la mente—.
Yo te abrazo, y ya luego me entero:
éramos sólo dos, esperando el momento...

No me preocuparé si tú me quieres;
por supuesto yo haré lo que tú me pidas.
Piensa que podré regalarte mi alma.
Si eso no te basta, te daré una mirada...

Es que tú me has atado, o me has encerrado,
en tan bella cárcel, donde no hay sufrimiento.
Es la verdad, no es mentira, no te miento:
éramos sólo dos esperando el momento...

José Luis Charles González

Por estar atado a tu piel, no veo los días.
Para qué preocuparse, con tan bellas noches...
No me liberes más, aprieta el nudo,
para que yo no me pierda jamás de tu mundo...

Atado, atado, atado a tu piel, atado;
estoy enamorado y lo demás he olvidado.
Es verdad, no es mentira, no te miento.
Si eso no te basta, te daré una mirada...

No me preocuparé, ahora que vienes,
de nuevo en viernes a iluminar el alma.
Si supieras que te quiero, no me soltarías.
Mas en cambio rápido el nudo apretarías...

Te ofrezco dormirme ahora que estoy preso,
preso por tus besos, de esos que me atan,
y me aprietan más y más, a tu piel.
Queda todo por hacer ahora... atado a tu piel.

No me pidas, amor, que no te deje jamás
el nudo lastima un poco, y aún no termino.
Sujeta ahora los cabos sueltos para poder, por fin,
atarme fuerte y no soltarme de tu bello jardín..

Gracias por existir

Existe un segundo, que espero todo el día.
No me importa lo que tarde, no imaginas la alegría.
Es en el que mis ojos se cruzan con tus labios,
en el que tus besos me abren el corazón,
y yo no entiendo por qué pierdo la razón.
Pero gano en un segundo, un instante de pasión.

Existe un segundo antes de que acabes tú,
en el que tus brazos me aprietan, y me inunda tu luz.
Como si te fueras para siempre, y no volviera a ser;
como si no fuera noviembre y fuese marzo otra vez.

En ese segundo, yo cierro mis ojos y oigo tu voz…
Y abro mi mente y, así, de repente, te veo conmigo.
Te has ido, lo he visto, y ahora has llegado.
Estarás un buen rato, como si fueras mi abrigo.

En ese segundo, me has dicho muchas cosas.
He llorado, he sonreído, y tú de nuevo has comprendido.
No es poquito, es casi nada, el tiempo mío a tu lado.
No es mi culpa ni es la noche; es que el sol ya se ha marchado.

Existe un segundo en el que estás conmigo, y juntos dormimos.
En el que eres mi sueño y yo soy tu almohada.
En el que pierdes las ganas y me ganas la noche.
En el que vivo mil años y tan sólo es reproche.

José Luis Charles González

Existe un segundo que nunca morirá mientras quede luna,
en el que tú vivirás en mí, como no lo hará ninguna.
Como siempre deseé que fuera mi princesa;
como espero y creeré, llegará cuando me besas.

Es en este segundo, en el que ahora te entiendo y te necesito.
Es que me muero, porque te amo y el tiempo es tan poquito.
Como si no me bastaran el día, la vida y la eternidad.
¿Cómo crees que me bastará, morir por tu amor y vivir en soledad?

Es en este segundo, que te beso, y no importan mis problemas.
Ahora amor, con tus labios, toda mi angustia tú quemas.
Al igual que mi lengua, que no escapa al fuego de tus ojos;
al igual que derrites en tus dientes mis enojos.

Mientras vivimos el segundo, todo estará en calma.
Antes de que todo acabe y en la noche, ya en mi cama,
te recuerde aquí a mi lado —yo tu sueño, tú mi almohada—
y te sienta en mi interior, como quemas mi dolor...

Y me escape entre tus brazos, al mundo que ahora enseñas,
en el cual eres mi dueña y, en mis brazos, tú ya sueñas.

Como si en este segundo el destino quisiera
que juguemos a besarnos, a tentar lo prohibido.
Que te ame con la vida, y me muera yo a escondidas
por tener entre mis manos, tu espalda humedecida.

Existe un segundo, en el que llena tu sonrisa mi tristeza,
como si hubiera valido esperar al mundo y la sorpresa;
como cuando me hundo, y me sacas de un apuro.
Créelo mi amor, lo que siento por ti es un amor puro.

Cuando llega el segundo, llega la oportunidad de existir.

La primera curva

Que más da, de repente, morir con la frente y dejar de vivir.
Si en este segundo no me queda más que amarte,
acariciarte, besarte, colmarte, desearte, en fin, mi amor,
hacerte mía, como suya hace el viento a tu piel;
como cuando te beso y hago míos esos labios de miel.

Existen, como existes tú, varios de esos segundos,
y sesenta de ellos no hacen ni de broma un minuto,
porque sesenta años a tu lado es algo, verás, diminuto,
comparado con el amor que puedes darme, en un solo segundo.

Existe un segundo, en el que reúnes todo tu cariño,
todo el amor que en este tiempo tú y yo hemos convivido.
Es como inundar mi corazón de tus palabras y latidos.
Es abrazarnos y querernos sin dejar ninguno de ellos perdidos.

Existe un segundo en el que estás en mis recuerdos;
en el que lloro pues me acuerdo que llegaste a mi vida.
Si tú supieras lo que es comerte al mundo de una mordida,
sentirías lo que gané el día en que vi tu sonrisa en mi camisa.

Existes, mi amor, para dar vida a una ilusión;
para mostrarme y llevarme de tu mano al corazón
de mi princesa que en mis sueños ya moraba
y que nunca creí verla y sentir cómo me enamoraba.

Te veo día a día y no lo puedo creer.
Con sólo sonreír, pudiste hacerme ver
que sólo con tu amor y una oportunidad
puedo, en un segundo, ganar la eternidad.

Te abrazo y sólo entonces me doy cuenta
de que sólo soy la mitad de algo, como cincuenta y cincuenta
y de que junto a ti veo, que sólo así soy alguien.

Abrazándote somos uno, no me importa que lo nieguen.

Te necesito, como lo necesita al mar la ola,
me cambias el día cuando me ves y dices "hola".
Eres el amor de mi vida y, sin ti, no la tenía;
valió la pena todo el tiempo que espere lo que venía.

Te amo, y cómo no hacerlo, si te quiero para siempre.
Te adoro, como tu admirador desde el día en que te vi.
Te quiero, como espera el día el girasol que descansa.
Gracias por existir, porque con eso me has dado esperanza.

¿Hay salida?

Lo hubiera creído si fuese un sueño,

¿o tal vez no he despertado?; o acaso

soy testigo de que el amor es un paso,

incierto es ahora, si yo soy el dueño.

Rosas blancas, o tal vez, rosas rojas;

amar es algo, de lo que no hay salida.

Muchos lo saben, por eso darían la vida.

En ausencia de ti

El día era especial, a diferencia de otros.
Al despertarme, no ocurrió lo de siempre,
tu sonrisa iluminó una mente alegre,
e imaginé que se borraba la distancia entre nosotros.

Con esa sensación de dejar lo malo atrás,
de que no importaba ya lo que opinaban los demás,
de que no existieran prejuicios ni ataduras;
que pudiera saludarte yo, rozar tu ternura.

Emprendí el camino a ese frío y terrible mar,
en el cual nunca se sabe lo que puede pasar,
llevando, por velas, una pobre esperanza,
y pensando si, con sólo eso, tal vez me alcanzara.

Cómo dejar de pensarte, cómo dejar de soñarte.
Mira que emprendo la huida en sentido contrario.
Cómo lograr detenerme, si no puedo ni entenderme,
eso que tú me haces, siempre logra confundirme.

Veo pasar los días, uno tras de otro, hora tras hora,
dilucidando si mi atrevimiento traerá ruina o alegato.
Cómo se puede estar tan equivocado, sin ser pecado,
e imaginarte a mi lado, aun, estando en anonimato.

José Luis Charles González

Veo, sin remedio a lo lejos, el terminar de esta agonía,
confieso mi intención o te pierdo en mi vida,
llegando a puerto, desconociendo la consecuencia,
de escribirte y demostrarte un poco más esta demencia.

Intento describirte con palabras lo que siento,
que nunca quise distraerte, pero siempre te quise,
que nunca pude hablarte, pero siempre me pudiste...
Te soñaba y me imaginaba diciéndote mi tormento.

Ahora empiezan mis ojos a derretirse, poco a poco,
en finas gotas a las que, sin duda, envidio mucho,
porque han podido escapar a la cárcel de mi mente,
en la que tú me encierras, con tu imagen presente.

Ahora es que va más lento mi corazón, poco a poco;
en cualquier momento, apuntará a detenerse,
y es que he imaginado los días que faltan
para dejar a mis ojos sin verte y a tu belleza irse.

Llegado el turno, mi respiración se une a esta renuncia
de no seguir su compás, después de tu trágica partida;
sintiéndose sin sentido el permanecerme dentro,
si es que tu aire, al mío, no se une y lo acompaña.

Es entonces que mi sangre decide recorrerme,
por última vez; cada rincón tocarme y explicar
que, si no me confieso contigo pronto,
mi corazón explotará, si al regresar aquí no estás.

Entonces tú me miras y me robas el aliento;
mis lágrimas detienes, y los latidos se sostienen,
porque cuenta ya te has dado de que, en todo lo contado,
hay de por medio una petición, un sacrificio malvado.

La primera curva

La de pedir no te molestes y me permitas escribirte,
sólo una ocasión más, antes de ausentar mis letras
de ocultar a tus ojos lo que retumbará por siempre en mí:
que de mis sueños te saliste y que, por fin, te conocí.

Perdona que tarde me haya enterado, hoy cuenta me he dado,
de que tus ojos guían ya, a otro corazón enamorado.
Deja que me despida en la siguiente vez,
con la esperanza de encontrarnos, ilusionados otro mes.

Tú pensándome, y yo nunca olvidando
lo que, gracias a tu belleza, a mi corazón tiene latiendo.
Seguiré viviéndote de lejos, me seguiré conformando
con mirarte con estos ojos a los que propósito has dado.

Aunque te mienta la gente y te traicione un corazón,
no olvides nunca que tú causaste esta atracción;
te cruzaste en mi vida y utilizaste tu extraño poder,
indefenso me dejaste y a la locura de amar me invitaste.

Que no te sorprenda más que te escriba y desespere,
porque en tus ojos y tus labios, mi tintero se ha llenado,
cada vez que alegre por mí te vea. Será más corta la espera,
al dejar mi alma expuesta y que, por siempre, tú la leas.

Intento describirte con palabras lo que siento,
que nunca quise distraerte, pero siempre te quise,
que nunca pude hablarte, pero siempre me pudiste.
Te soñaba e imaginaba, llevándote mi sufrimiento.

Si tan sólo pudiera detenerte en tu indiferente caminar,
y te forzara a mi vida jamás dejar atrás,
eso merecería el peor de los castigos del alma,
ya que, con nada de este mundo, dejaría de ser quien te ama.

José Luis Charles González

Si tan sólo te quedaras y mi vida tú alegraras,
no importaría el seguir el día a día contra la muerte,
trabajando como siempre y mirando entre la gente,
el milagro que tenemos de salvar a los pacientes.

Sin embargo, tarde es ya y, por ahora, no me entiendo,
prefiero no mostrarme y que sólo por destellos me conozcas,
Aun sabiendo que eres bella, no me importa como luzcas,
para mí una reina eres y, en tu mundo, ya me tienes.

Si pudiera concebirlo, si dejara de escribirlo,
si ya no te molestara, y de ti muy lejos estuviera,
sé que sin ti, mejor no estaría, ni siquiera viviría,
pero, allá donde yo fuera, mi amor por ti me salvaría.

En ausencia de ti, nada tiene ya sentido; en ausencia de ti,
todo, ha decidido esperar.

Estás aquí

Muchas veces puede que no lo creas,
parecería que pasa el tiempo y con él
recuerdos que, si bien no los piensas,
te ayudan a saber por qué estés con él.

Siempre con él, sólo de él...
Siempre de aquí, sólo de aquí...
Si no me crees, cierra tus ojos, entra en mí,
llega aquí adentro, sin salir de aquí...

Te lo advierto, no es un juego, lo verás...
Estás dentro, muy dentro de mi alma, mas
siento, en cada latido, que todo tiene sentido.
Una vez más, otra más, siempre más...

Eres de aquí, eres de aquí, te siento aquí.
Y si te siento aquí, estás aquí; no te irás,
porque me siento vacío si tú me faltas,
porque no siento que vivo, cuando te marchas.

Quédate, quédate aquí, que necesito más de ti.
Te extraño, aun cuando sólo dejas de hablarme,
aun si es para dormir, te siento perdida,
porque tu voz no es de mí, no está aquí...

José Luis Charles González

Quédate más, que aún no lo imaginas...
Me quema tu partida mucho más que una herida.
Es lo que dejas en mí, cuando tú no estás aquí,
cuando piensas que estaré muy bien sin ti.

No te marches ni te rindas, aún falta mucho.
Sin tu ayuda, sin tus risas, sería más duro el mundo.
Aguanta un poco más, que cada latido te fortalezca;
eres la mejor de todas las obras de la naturaleza.

Sólo poco tengo para darte y espero lo comprendas;
sólo una vida tenemos, sólo eso puedo darte.
Sé que puede ser poco, tanto tiempo para amarte;
puede ser, para otros, lo que sólo puedo darte.

Sólo quiero que tú sepas que tienes un lugar
muy cerca de mi pecho, en que te puedes quedar
como ya lo has hecho un tiempo, solo tú lo sabrás.
Ahí tú podrás seguir, si contenta tú estarás.

Te busqué como busca un barco el puerto
después de zozobrar miles de horas.
Tu sonrisa fue la luz de un faro
que me iluminó hace más de mil noches.

Si no es de tu agrado que aún esté a tu lado,
sólo puedo decirte que sólo algo lo remedia:
deja abrirme el pecho, deja abrirme el alma,
sacarte en medio de un latido, sin importar romper la calma.

Si quieres seguir bailando al son de mis latidos,
sólo algo pequeñito es lo que ahora yo te pido:
no te burles de mis rimas, no te burles de mis letras,
es tu novio enamorado, que de loco lo ha intentado

Contentarte para que sigas, dentro de él.
Que sientas aquí, que toques aquí, que veas aquí,
pero, sobre todo, que me hagas saber
que siempre puedes estar aquí.

No tengo más que rimas y versos,
sólo puedo esperar a cambio tus besos,
mi gasolina para seguirte amando,
mi fortaleza para seguir escribiendo.

Estás aquí, siempre aquí, más de aquí.
Estás ahí, frente a mí, porque eres feliz.
Más que contento, me tienes atento
pues en este momento, tú estás aquí.

Quisiera que tuvieras algo muy claro,
claro como tus ojos, claro como el agua:
así como la luna en un momento mengua,
así mi poesía es ahora la que detengo.

No te enojes ni derrames una lágrima,
no pienses que no eres más mi princesa.
Cada día contemplo cómo puedo ver,
al mismo tiempo, la luz del sol y tú querer.

Te quiero, pero más que quererte, te necesito, porque te amo...
Porque te amo, te quiero, porque necesito quererte...
Porque al quererte te amo, necesito un te quiero...
Porque después de todo, gracias a Dios..., estas aquí.

Sinceridad

¡Vaya! De gusto exclamó el caballero

ante tanta hermosura que sus ojos vieron.

Nada en el mundo se parecía a aquello,

excepto algo que fuera aún más bello.

Si es que en verdad su belleza opacaran,

sé que jamás, de su corazón, podrían

alcanzar su belleza y hermosa sinceridad.

Vuelvo a nacer

Cada día sin importar qué pase,
y pase siempre sin durar se me hace,
que siempre estarás ahí, para mí,
que siempre tú volverás, junto a mí...

Siempre, en cada noche de mi vida,
se hace líos la cobardía... con este amor,
del cual el ganador es el ayer,
que tú decidiste y te adueñaste, mujer.

Vuelvo a nacer, te he visto sin dudarlo hoy.
Vuelvo a nacer, inolvidablemente tengo hoy
que nacer, sin ti la magia no existió.
Te he visto hoy, inolvidablemente... nacer.

Cada melodía me dolía hoy,
cuando sin tu risa me veía yo.
Pero tú, de pronto, apareciste bien;
será otro día que empezarás tú hoy...

Hoy y siempre serás mi melodía tú,
aún recuerdo lo mucho que me dolías tú.
Para nada pienso que sea cuestión de líos,
sólo es que pensaba inolvidablemente en tu brillo.

José Luis Charles González

Vuelvo a nacer, te he visto sin dudarlo hoy.
Vuelvo a nacer, inolvidablemente, tengo hoy
que nacer, sin ti la magia no existió.
Te he visto hoy, inolvidablemente... nacer.

Hoy y siempre serás mi melodía tú.
Aún recuerdo lo mucho que me dolías tú,
Para nada pienso que sea cuestión de líos,
sólo es que pensaba inolvidablemente en tu brillo.

Cada día, sin importar, sigue pasando,
pues he vuelto a nacer y a seguir respirando.
Tu aliento en cada beso me infundes profundo,
tanto que en tu amor poco a poco me hundo.

Vuelvo a nacer, te he visto sin dudarlo hoy.
Vuelvo a nacer, inolvidablemente, tengo hoy
que nacer, sin ti la magia no existió.
Te he visto hoy, inolvidablemente... nacer.

Es mi melodía un recuerdo hoy,
de cuánto me dolía vivir sin tu amor.
Que todo ha terminado, menos la ilusión,
incluso ahora..., ya no queda... mi canción.

¿Perdido?

Créeme, decirlo para mí no fue fácil.

Oigo todavía el eco agónico y valiente.

Rompí el silencio, pues me tenía preso.

A nadie, te dije, puedo yo volver a amar.

Zozobro mi corazón en aquel bello mar.

¿O es que acaso podría no perderse en él?

No tengo corazón desde que lo robaste,

extraviado está, pues no lo cuidé ágil.

Sobra decirlo, recuperarlo no podré.

Tendré entonces que decirte:

"¡Entrégame el tuyo, o perdido hoy estaré!"

Te imagino así...

Te imagino así, increíble como luna de agosto;
bella como atardecer de abril, así te imagino;
callada, pero alegre; tímida, pero radiante;
difícil, pero mía...; increíble, pero mía.

Te imagino así, fulminándome con uno de tus rayos de luz,
como si fueras ese sol que me ilumina cada mañana. Así te imagino,
como si le dieras fuerza, todos los días, a mi camino.

Tan bella, tan humana..., a veces invisible, a veces lejana,
así te imagino... y, si te imagino, es porque aún no te tengo,
pero así empieza todo... en el momento en que yo te imagino...

En el momento en que recuerdo que para mí tú eres
como luna de agosto o atardecer de abril...
eres para mí la respuesta a muchas preguntas,
muchas de ellas aún no formuladas...

Así te recuerdo..., así te imagino..., así te pienso... ¿Y tú?...
¿Donde estarás?... Me pregunto mientras voy manejando
por la calle..., ni siquiera sé dónde estas... porque, créeme,
de saberlo... iría en este mismo momento tras de ti...

De saberlo, qué bravo sería... aguantarme las ganas de seguirte,
de ir tras de ti..., pero no lo sé..., no lo imagino..., no sé dónde estás,

porque, si lo supiera, ahí estaría contigo... para juntos mirar ese atardecer de abril y esas lunas de agosto...

Juntos por siempre..., y ya no imaginándote, ya no teniéndote tan lejana, pero por ahora sólo imagino, te imagino..., te imagino así, y estoy alegre, porque ahora te imagino..., pero sé que existes, sólo es cuestión de tiempo... encontrarte.

Tan seguro como que llegará abril, tan seguro como que llega la tarde, tan seguro como que algún día volverá a ser de agosto esa luna que ahora vemos por separado..., pero que algún día nos verá a ambos juntos, tan seguro como eso, sé que estaremos juntos...

Por ahora te imagino, te imagino así...

Destino

A mi futura esposa

La recuerdo asustada, y mi mano ella tomaba.
En sus dedos lo sentía, ya la vida me entregaba.
Abrazarla no podía, pues sus manos no tendría.
Ya las lágrimas corrían, y esto apenas comenzaba.

Una voz rompió el silencio, me decía "este es el día,
sufrirás, no importa el daño, a sus pies te rendirías".
Mil anécdotas nacerán de este frágil suspiro,
no creerás que después de todo, al recordarlo, no respiro.

Apostando mis memorias, mil fracasos y alegrías,
era tarde ya aquel día, y tu luz no se apagaba.
Más brillaba y sonreías, no creyendo lo que oías
no importaba más el miedo, ni la angustia la sentías.

Iluminaba tu esencia enmudecida la luna
que va quemando el deseo y va llorando de día,
que ese día nos cubrió y solitos ya los dos,
yo iba mirando tu pena derretirse en la mía.

Pasaban los momentos, ya eran días de alegría,
pero no olvido que mis miedos nos hundían todavía.
No se abría, no lo intentaba, mi corazón no lo llenaba
tu amor tan bello como el cielo, tan bello como el alba.

José Luis Charles González

Que al recordar no quisiera llorar era mentira,
pues el día que te besé y te abracé no te soñaba,
no lo cambiaba o imaginaba, yo lo sentía y lo probaba,
tú me tenías y me apretabas, sonreías y me matabas.

Cariño era de día lo que la luna es de la noche,
deberían no ser mentira las risas a lo lejos.
Entre espejos y sonrisas, no atinaba a tu reflejo.
Ya de noche me dormía, y tú de nuevo aparecías.

Congelada la ilusión, me esperaba ya la almohada;
no sentía, no me movía, y, en mis sueños, tu vivías.
Me besabas, me decías "todo es cierto, espera el día".
Despertaba, no me hablabas y, de nuevo, te marchabas.

Ya eran años que pasaban y a mi vida no cambiabas.
La querías y la robabas, no prestabas ni olvidabas.
Tú ya entonces lo sabías: no era mucha ya la espera,
no era hoy, pero vendría, entre sueños, la alegría.

Y llegó entre bruma, cielos grises y la luna.
Ese sueño que enseñaba de qué forma yo te amaba,
que decía que me querías, que tu vida me entregabas,
no importando la sorpresa ni la hora ya a mi cama.

Parecía que era de día, y un banquete ya esperaba
entre pájaros y flores, nubes blancas y doradas.
Mil amigos y parientes, no era uno no eran veinte,
de domingos y de rosas, están hechas ya las cosas.

No era un parque, no era plaza, pero lleno aquello estaba.
Gente de todos los lugares, gente de todos mis días,
Sonrisas de todos tamaños, risas de todas edades,
y unos ojos que veían cómo aquello se cumplía.

La primera curva

No entre nubes, pero eras uno con el blanco.
No de noche, ¡pero vaya que la hacía aquel saco!
Mil palabras no describen lo que entonces pasaba,
tú llegabas a los ojos de los presentes, yo lloraba.

Te acercabas —¿no lo creías?— paso a paso ya era el día,
entre llanto y alegría, todo aquello ya pintaba.
Te veía y lo decía: de todo esto me acordaría.
No importaba, te tenía, y a mi sombra engrandecías.

Pequeños pasos se venían, y "papá" ellos me llamaban.
Preguntaban angustiados de la historia que seguía,
respondía, no me tardaba, no es difícil la palabra,
no como la mencionas, sino como tú lo amas.

La recuerdo asustada, y mi mano ella tomaba.
En sus dedos lo sentía, ya la vida me entregaba.
Abrazarla no podía, pues sus manos no tendría.
Ya las lágrimas corrían, y esto apenas comenzaba.

Una voz rompió el silencio me decía "este es el día".
No recordarás tú el año, porque no lo ves llegar,
y sin temor notas que, al amor, le has visto el rostro.
Nuestro corazón es uno, y despertar ahora inoportuno.

Ya minutos hacían la hora, y tras promesas ahora me besas.
Tu mano derecha entonces era de ambos, un te amo aparecía.
Me mirabas, sonreías, la apretabas, ¿por qué llorabas?
De alegría haces un día, de felicidad la eternidad.

Y pensar que hace años nada de esto imaginabas.
Mira ahora que caminas, ya a tu casa la abordabas;
mira esos pasos que hacia a ti avanzan;
mira que al oír "mamá", no es un reclamo, es alabanza.

Si un te amo hoy aparece, un mañana él te ofrece.
Si ayer dije te quiero, hoy sin ti siento que muero.
Si mañana te necesito, será porque hoy es sólo un pedacito.

Si te adoro, mi cielo, mi amor, espera y cumple sin dolor,
que si vivo es por saber si algún día entenderás.
No es un sueño, es el camino... y el amarte es mi destino.

Momentos

Creo que tú lo puedes ver,
no ha sido fácil el ayer;
sin ti, no tendría motivos,
contigo es más que emotivo.

Pero lo has visto varias veces,
no lo imaginabas, ni siquiera lo sabías.
Pero existe el amor que vence,
sólo tu palabra, y vivo todavía.

Todo el mundo lo puede hacer,
no conozco alguien que no quiera querer.
Moriré antes de ver el día
en que momentos contigo no tenga alegría.

Todo esto lo sabrás callar,
pero falta hará el sentimiento,
ese que no ha sido creado,
con el cual lo sientas sin haber hablado.

Nunca se acaban las historias,
primero se terminarán nuestras glorias.
Con un beso, más que amor me has dado,
y por eso moriré a tu lado.

José Luis Charles González

Nada que escriba podría expresarlo.
Podría callarlo, pero es por tener
que compartirlo que yo he querido hacer
de este sentimiento un nuevo placer.

No lo puedes imaginar por suerte,
Porque yo te lo he mostrado al verte.
No sólo perderías a mí y al tiempo,
se irían los recuerdos y aquellos momentos.

Sólo podrás imaginar el futuro
que con recuerdos y presentes no es oscuro.
Sólo basta que quieras tomarlo,
y si eso no quieres, entonces, has de amarlo.

Momentos, momentos que en el alma yo atesoro;
jamás quisiera perderlos, no, antes yo primero.
No es pasado, no es el olvido, no son tormentos,
y yo los amo, nunca descuido, son los momentos...

Momentos, momentos que en mi corazón resguardo
por siempre a tu lado y siempre cuidados.
No es el tiempo, no es quererlos, es más que eso,
son los momentos que te has ganado y hoy te confieso.

Me has hecho sentir, has hecho temerle al adiós
porque, aunque no sea eterno, implica el no vernos.
Me has hecho llorar, has hecho lágrimas brotar,
porque te amo y, si no es eterno,
no es para siempre, es el infierno.

Me has puesto a reír, lo has podido lograr.
Lo has vuelto a herir y ha vuelto a sangrar
el orgullo que habita, que has visto en mí.

Si he de morir, no lo pienses más, contigo nada pasará.

Es así, que me has llevado a la gloria.
Lo sentí, lo viví, con tu sonrisa lo aprendí.
No me tientes, que amarte más aún puedo.
No lo entiendes y podrás llevarte el miedo.

Tiene la vida sorpresas que no saben a tequila.
Tiene una lágrima escrita, en su rostro, la mentira
porque ha de ser blanco de mis peores intentos,
pero ha de estar triste cuando mueran los momentos.

Me besas y te amo, qué dulce así mi vida.
Te beso y no lo callo, que sale por los ojos el encanto
mas si tú lo pidieras, otra cosa normal no existiría.
Mira que sólo tú y los momentos me alegran el día.

Que es lo que no podría darte, niña, nunca,
si ya con sólo amarte tienes todo, niña loca,
loca ya por los besos que has probado, niña mía,
que con sabor a tormento, lo lamento, son momentos...

Así que yo no estaría a la altura de tu cuerpo,
pues es hermoso, lindo, bello y hasta un tormento.
Que más pediría que morir sin tanto dolor ni llanto,
Y si fuera en esa gloria, yo te juro sería momento.

Así, yo no he muerto, pero agonizo con tu abrazo.
Me matas lento, no lo imagino, lo has logrado,
ya con tus besos, tus suspiros que más quiero.
Si no estoy muerto, dime entonces ya este es bolero...

Fue un momento más en la vida de un soñador,
es uno más en el tiempo, que no muere encantador,

será tormento el día en que tú así quieras mi corazón,
pues si no lo quieres, qué más da, otro día me amaras,
y momento a mí, te lo juro, tú me harás...

Pasarán

Pasarán, pasarán las horas, pasarán los días,
pasará todo... ¿Y tú? ¿Dónde estás?
Te busco desde que sé que existo,
o... ¿existo para buscarte?

Lo siento, es que todo pasa, excepto,
mi idea de pensar que existes.
De tan sólo imaginarme que también existes,
y me buscas tal vez sin saberlo.

Pero sé que tienes un nombre y
un segundo apellido para mis hijos,
así como una cuna en tu interior,
dispuesta para formarlos.

Sólo quisiera encontrarte y darles sentido
a estas ganas de ayudar a los demás,
teniendo a alguien
como tú, que me entiende.

Aun sin pronunciar palabra mis labios,
sabe lo que mi corazón desea,
lo que he sufrido, lo que busco en una mujer,
y la importancia de ser fiel a un ideal que va...

José Luis Charles González

Más allá de la presencia física.

Por eso sé que tengo que encontrarte, porque sé que
alguien como tú debe existir. Alguien como tú
debería estar en dos lugares a la vez,
a mi lado y en mi corazón...

Y que yo, sin pensarlo, me encuentre
dentro del tuyo sin poder salirme.
Sólo quiero que sepas que te seguiré buscando,
y hasta encontrarte... viviré.

Amante

Y la felicidad encontró por fin su forma,
la de mostrarse y dejarse besar,
y la esperanza dejó por fin ser alcanzada,
tras esperar por largo tiempo su llegada.

Y tu mirada se volvió cosa de dos,
y en tu reflejo recordé el amor de Dios.
Cuando me miras, me congelas por completo,
cuando me hablas, me intimidas al momento.

Le faltan horas al tiempo que permanezco contigo,
así como le faltan detalles a la palabra amigo,
que quiero que tú sepas, cada vez más me esfuerzo,
por no insistirte, por no decirte lo que por ti siento.

Te vas y dejas, con tu partida, mi corazón sin latir.
Regresas y pienso lo que sin ti vale vivir.
Te abrazo y te atrapo y en mi pecho te estrecho,
a la vez que te protejo, y contigo me asemejo.

Sólo te agradezco que a la vida mía tú llegues,
sólo te recuerdo que nunca espero..., sólo requiero
tu mirada penetrante y en tus pupilas mirarme...,
que me permitas tenerte y, si lo quieres tú, amarme.

Quédate... Esta noche sobra todo, me faltas tú...

Por ti

Con las ganas de cuidarte en la oscuridad,
con las ganas de tenerte hasta la eternidad,
hoy despierto, luchando intento, verte una vez más.
¿Sufriendo? ¡Miento!, pues cada vez te quiero más.

Miro el cielo y me sorprendo, pues allí estás.
Me iluminas y me cuidas, y sonriéndote, ya estoy.
Lo has hecho una vez más, ya no hay sombras porque, hoy,
imagino que a tu lado, muy sonriente y confiado, por ti estaré...

Amarte es como una gran y linda obsesión,
sin obstáculos, sin prisas, sin límites de pasión.
Sólo verte me lo dice: "Ella es el gran amor".
Vamos, que con sólo verla, ya estoy hecho una canción.

Y es que mi amor, mi amor por ti no es demasiado,
te juro yo, nada en mí te ha rechazado, no.
Yo no quisiera que te escondas, y versos de estos ya no vieras.
Pues sólo amarte quiero yo, hoy mucho más.

Con la fragilidad de no romperte y de no hacerte caer,
hoy ya me ocupan estas líneas que, si las vieras tú también,
entenderías cuánto te puedo querer, incluso, más que ayer...
Vamos, que con sólo tenerte, la muerte ya no importa bien.

José Luis Charles González

Y es que mi amor, mi amor por ti nunca ha fallado,
lo sabes bien, muy bien, a veces muero, separado
de tu calor, de tus caricias... Has logrado,
que, aunque conmigo hoy no estés, siga sintiéndote después.

Avanza ya la marcha de la ilusión que hoy,
a veces corre, va que vuela, nada le importa ni es muy cuerda,
pero se tiene que callar; por un momento, no andar...,
voltear a ver que cada lágrima que sale de mis ojos hoy... por ti estará...

Mi amor, entiéndelo, ya que eres tú mi corazón...
Mi amor, ven junto a mí, hoy que tú estás dentro de mí,
quisiera que tú misma vieras, si acaso ahogarte no pudieras.
Y es que mi amor por ti no es demasiado, pero en mil mares no cabría.

Así que ya lo sabes, muchachita,
siempre tendrás a alguien ya por ti.
Sabes bien que él nunca te ha fallado,
y es que mi amor, no lo comprendo, de aquí se ha marchado.

A buscar tu corazón, seguro a eso fue.
Quien lo vea no lo detenga, sólo díganle quién es,
aquella princesa que lo ha llamado,
y, entre fantasía y realidad, lo tiene conquistado.

Que es por ti, y de ti vendrá, con buenas nuevas, ya cantando.
Casi lo puedo oír, sí que lo puedo oír,
lo has asustado, pues el doble de amor encontró él,
cuando, con un te quiero, se presentó y, gracias a eso, él lo pensó...

Me casaré... POR TI.

Diez cosas

Odio que pienses que no me importas...
cuando sólo puedo pensar en tus suspiros.

Odio que pienses que no me preocupas...
cuando siempre deseo al cielo ser quien te suba.

Odio estar lejos y provocar que tú llores...
Odio saberlo y no poder hacer que te mejores.

Odio estar solo y sentir los golpes del destino...
Hay momentos en los que sólo quisiera volver a ser niño.

Odio extrañarte y más aún querer besarte...
porque estando tan lejos ni mis lagrimas ni mis besos lograrían tocarte.

Odio hacerlo por mi bien y el de muchas más personas...
Odio pensarlo y sentir que, gracias a eso, me abandonas.

Odio leer, trabajar y dormirme pensando en tu imagen...
cuando a ti te preocupa que antiguas enemigas te hablen.

Odio llorarte y más aún duele amarte...
porque sé que te importa más tenerme, que esperarme.

Odio que me recuerdes y pienses que tu vacío lo disfruto...

mientras me comunico contigo sin que agradezcas cada minuto.

Pero lo que más odio es no poder gritártelo a la cara...
para que dejes de decir tonterías, y de besarte y amarte no parara.

Mientras quede luna…

Es que la he visto y me ha gustado bien.
Tú no lo has dicho, pero sé que también.
Ya ves, lo hicimos, no existe él porque
ya tú lo has visto y… ¿la luna para qué?

Pues yo te digo que no podré olvidar
este momento de fuego y de dar;
tú, sonriendo, lo has sentido ya.
¡Eh! Vamos, dime que la luna va…

Si ya lo sabes, me ha costado entender,
sentir el gusto, sentir el placer,
oír al cielo que nos grita también,
ahora son uno, bajo la luna que ven.

Tu sonrisa de miel lo ha logrado;
con tus besos me sigues dejando callado.
Mientras respiro tu vapor y llego así al cielo,
prefiero soñar, que despertar en el suelo.

Pero se ha cumplido y qué hermoso es saber
Que me has absorbido y tuyo he vuelto a ser.
Siempre lo he sido, oh, tú me lo has hecho ver,
Pero se viene el día y me pregunto, "¿la luna para qué?".

José Luis Charles González

Y es que sin ella, tanta felicidad no sería vista,
tanto placer, brillar tu piel de noche no sería,
ni tus ojos crisol de fuego y mil hogueras quemarían.
Sin ti, niña luna, la noche enredada me parece absurdo día.

Mientras existas, niña luna, no se va a terminar tu placer.
Mira que sigues quemando, aquí en mi pecho a la soledad
y un abrazo me bastará para morir en esa hoguera ardiente.
Vamos, hazlo una vez, sigue así, déjame que de nuevo lo intente.

Vamos, puedes hacerlo, que el gusto no se me quita.
De flores ramos, de besos damos, de vida hundamos
estos corazones que lo piden a gritos bajo la luna,
este amor a prueba de guerras, gritos y fortuna.

¿¡Muñeca, pero te has visto!? ¡Qué sonrisa te cargas!
Sí, ya lo decía, pero ya te he visto, ¡qué sonrisa me llega!
La luna te ha dicho —¿verdad?— "él jamás te fallará".
Ya lo sabes, mientras quede luna, en la mañana llegará...

¿Me sigues? Dime si ves muy largo el camino y no puedes...
Caminar te es muy difícil... Haberlo dicho, que mis brazos te llevan.
A los lados de este camino, no hay luna, todo es absurdo día.
Ahora duermes, no te culpo, que mi corazón al escucharlo arrulla.

No te preocupes que así en brazos llegaremos hasta el final.
Tú te aferras, y jamás te suelto, niña luna, ya has vuelto.
Ahora nos ves de brazos entrelazados,
sonriendo y haciendo al fuego un invierno.

Ahora la ves a mi princesa de ojos crisol,que derriten al mismo sol.

Pero mientras quedes, luna...,
no se irá el sabor a placer vivido.

Mientras tengas que darme tu cara...,
no morirá el olor de este nido.

Mientras te llore solo, no me dejes...
Mientras sigas quedando, luna,
hazle ver que por ella vivo... por ti la veo,
y sin ambas muero...

Ya lo ves, que no hay sol que no te mate,
ni verso sin sabor a vida.
Pareciera que ver la luz del nuevo amanecer,
no será salida.

Porque puede ser mi vida,
o es que ya es tanto el cansancio que sientes
que mientras quedas, luna, el sol
por tenerte seguirá mordiendo tu vientre.

Ya casi se ha acabado, el cansancio no lo siento,
tú te lo has llevado.
Hasta el mismo cielo en llanto ha caído;
el rocío nos cubre, aquí soñando;

Lo sigo sintiendo, acaso es normal tanto amor
que te hago sentir... ¿o qué?
Nos amamos y así lo sientes, yo me muero entre tus dientes.
La luna queda, y el placer vivido nunca entra en el olvido...

Otra vez a ti...

Me sorprendí pensando en ti una vez más...
imaginándome tu forma, tu apariencia y lo demás...
Tu color, tu voz, tu sentido del humor...
Si ese color en tus mejillas, es algo más que tu rubor...

El espejo confirmaba una sonrisa en mi rostro,
una gran mueca que parecía como retrato,
sin importar lo bueno o malo de ese rato,
suspiraba y seguía emocionado casi al llanto...

Eres perfecta para mí, tú me complementas,
todo lo que me dices..., todo lo que aparentas,
me seas sincera a veces, otras tantas me mientas,
es difícil encontrar a alguien así... sólo a tientas...

Pensaba en un momento a solas contigo,
llenarte de besos, hacer de mi sombra tu abrigo,
día y noche abrazados, como dos enamorados,
tu caricia y la mía, ambas una, como amigos...

Triste noche la que vivo, separado de tu lado,
no hace frío, pero aquí no estás y me muero helado;
tu calor hace más que darme vida y aire a los pulmones,
hace latir mi corazón, al ritmo unísono de millones...

José Luis Charles González

Duermo o lo haré pronto con la esperanza,
de entregarme a un sueño total,
en el que sigas siendo mía como ese día,
en el que me atreví, con mis palabras, a romper ese cristal...

Esa distancia que nos separaba llamada anonimato,
que se hizo nada con el primer sonido de mi boca,
diciéndome que te quería y, en mi vida, eras diosa,
diciéndote que te amaría, sin la duda que equivoca...

Estas letras hoy quiero dedicarlas a ella,
que leyendo esto jamás imaginaría su influencia,
para que yo derrame en este escrito mis ansias,
de expresar lo que por ella siento, en demasía...

Quiero que sepas que sigo pendiente de ti,
de cada uno de los pasos que me llegas a compartir;
que estás en mis oraciones como yo espero, en las tuyas,
que ruego falte o nunca llegue el día en que te vea partir...

Hoy me sentí con ganas de vaciar el corazón,
no sé si es lo correcto o si me das la razón,
sólo sé que te quiero y a este momento le haces falta,
para hacer a esta noche perfecta, hacerla intacta...

Que perdurase en mi recuerdo, corazón y mente,
y que se volviera realidad con sólo decirte "vente",
que cada vez que esto ocurriera,
otra vez a ti soñarte, y de mis sueños te escurrieras...

Va pasando lento el fuego que me quemaba,
siento que ha sido suficiente lo que te he expresado...
¿Puedo ahora, por favor, descansar de ese sentimiento,
que más que alegría me ocasiona ya tormento...?

La primera curva

O puedes tu acaso inhalar caricias y exhalar fuego,
o alimentarte de cenizas y beber incienso,
así tampoco puedo yo ocultar lo que por ti siento,
aunque a veces el medio no siempre sea el correcto...

Gracias por leerme y darme por segunda vez vida al hacerlo,
gracias por despertar hoy y, al verme, crear un milagro,
hacer que vea contigo el segundo amanecer de cada día,
hacer que cada uno de ellos por ti tenga sentido... todo lo sentido...

Te quiero... otra vez a ti...
Pero... ayúdame esta vez amor...
Dime, ¿dónde estás?, ¿quién eres?,
¿también me buscas o ya me tienes?...

Si falta mucho... ¿qué tan bien está esperar?
Si cuando nos veamos lo sabremos,
si seguiremos esperando y... ¿así juntos moriremos?
o al encontrarnos, lo sabremos y así naceremos...

Otra vez a ti... te tocará decidir
si te quedas en mis sueños o te puedes escurrir,
aparecer frente de mí y darme un gran abrazo,
que me detenga el corazón y me invite a huir...

Dime, de una vez por todas...
que te toca responder ya sin escapatoria,
otra vez a ti, otra vez a ti,
que de mi parte, me seguiré sorprendiendo... pensándote.
Otra vez a ti.

¡Hoy no!

Mucha angustia me llega a provocar

el tan sólo imaginarme qué me dirá hoy.

Negar mis sentimientos, sólo decir "¡me voy!"

Te juro no resulta, ¡cómo quisiera soñar!

Irme lejos de este mundo o, tal vez,

regresar al que creo pertenezco,

aquel en el que todo es perfecto.

Soñar que hoy será mañana, por primera vez.

Un buen día conocerte

Aquí estoy,
esperando un buen día conocerte,
tratando de ver, quién en verdad tú eres,
esperando conocerte, estoy por ti aquí.

Un ave muestra, al aire,
cómo sus alas son uno con él;
hoy yo quiero mostrarte
lo mismo que hiciera el pájaro aquel.

Que seas mi viento, que seas mi aire,
entrando en mí, haciéndome volar.
Hoy sólo quiero que seas mi aire,
que como un ave me hagas viajar.

Un buen momento para decidir hacerlo
sería ahora, que estamos cayendo,
ahora que perdimos altura,
pero nunca de vista el suelo.

Un buen momento quisiera hacerlo,
sólo abrir mi mente, sólo tenerte.
Cuando se ve más feo el golpe,
es que mejor se siente detenerlo.

José Luis Charles González

Y estamos cayendo, sí, cayendo,
Enamorados, uno dentro del otro;
Tú, mi ave; yo, tu viento;
y mis alas, tu aliento.

Estamos esperando un milagro,
alzar el vuelo sin mover un dedo,
volver a surcar el cielo, ese azul, mi cielo,
juntos como uno solo, como sólo hay uno.

¿Quisieras ser mi aire? Es que no quiero seguir así,
cayendo más a cada momento, sin abrir mis alas,
mira que eres para mí, cada segundo, de cada momento,
la mejor esperanza ante este tormento.

Y es ahora, cuando estoy esperando,
esperando, un buen día conocerte,
esperando de un milagro convencerte,
que siento de nuevo ganas de surcar el cielo.

Un buen momento para decidir hacerlo,
sería ahora que estamos cayendo,
ahora que perdimos altura,
pero nunca de vista el suelo.

Y aquí estoy, frente a ti, sin más,
con mi angustia por no volar jamás,
sintiendo la caída a cada segundo más,
imaginando tu aire bajo mis alas.

Y, de pronto, sucedió: mi boca te encontró,
mis labios se cerraron, pero mi corazón hablo,
y se abrieron las alas, se abrió la razón,

porque ese día ya casi llegó...

Siendo de noche, siento la noche,
veo las estrellas, veo tu reproche,
mírame, aquí estoy, volando la ilusión,
mientras te pierdo al verte bajar del coche.

Tocando con los dedos, el cielo muy claro.
Claro es que, para mí, ese cielo eres tú.
Aún recuerdo este día, imaginando si, tal vez,
hoy es un buen día, como bueno es conocerte.

Mientras abrazo tu sombra y empieza mi sueño,
podría ser ese en el que soy tu dueño,
podría ser ese aire, podría ser ese cielo.
¿Podrá ser hoy un buen día para conocerte?

Feeling this, is almost like, feel a dream,
perche sta sera e molto fragile,
il mio cuore, sta con te, solo con te,
because it would not be at anywhere tonight.

Andiamo principessa, che il mondo e il nostro,
sta sera e fragile, ma non difficile,
per favore, non sia prego diabolico, non sono appena un sogno,
sé mi aire, sé mi cielo, sé mi suelo,
para poder, un buen día, conocerte.

Tus ojos

Tus ojos me hicieron tuyo,
no me pidas que deje de verlos...,
no me pidas que deje de ser parte
de algo..., porque sin ti nada valgo...

Tus ojos me hicieron tuyo.
De nadie era..., de nadie seré..., soy sólo tuyo.

Tus ojos me hicieron tuyo,
tu sonrisa... me esclavizó a ti,
tu palabra me hizo tuyo.
¿Qué hacer...? ¿Cómo escapar...?

Tus ojos me hicieron tuyo,
y muerto estoy..., vivo estaba...
¿Cómo saber realmente dónde estaba...?

Tus ojos me hicieron tuyo.
Contigo estoy..., contigo soy..., muerto estoy...,
muerto al mundo infeliz en el que vivía.
Vivo para ti...

Puesto que tus ojos me hicieron tuyo,
y así será, vivo seré..., muerto ya no estaré...
Porque tus ojos me hicieron tuyo, lo acepto.
Pero tu beso... me hizo... me hizo tuyo...

Quería que supieras...

Lo difícil que es para mí quebrar la blancura de esta hoja
escribiendo recuerdos y pensamientos que llegan a mi mente;
me recuerda lo difícil que fue romper aquel cruel silencio
sólo para lograr tener en la vida lo más bello de la suerte...

La noche calla... sabiendo que... hace un mes ella me hablaba,
me decía que, cuando el corazón habla, hay que tomarlo en serio,
pues si bien lo que tenía que decir resultaría todo un misterio,
mentira alguna no opacaría la infinita sinceridad del sentimiento.

La luna nueva es fiel testigo de esta noche de promesas.
Lo más especial de este mundo lo he sentido cuando me besas.
Mirar he querido mi reflejo en tus bellos ojos de encanto,
mas no he podido por el simple miedo de romper en llanto.

Hoy, en mis sueños, te abracé como ya lo hice ayer;
doy mi vida y la daré por poder volverlo a hacer.
Soy un niño que te mira cual sueño que es realizado
y voy por esta vida sabiendo que lo nuestro se ha logrado.

¿Por qué es tan difícil escribir lo que siento?
¿Qué debo hacer para no sonar como quien lee un cuento?
La princesa de mis sueños a mi vida ha sorprendido,
y sé que es a ti a quien debo el ser leído.

José Luis Charles González

Mis letras y estas líneas vuelven de refugio a servir;
las puertas de la alegría y del amor se han vuelto a abrir.
Si hablo, escucharás al amor en su más bella presencia;
si digo: "mi amor, mi cielo", jamás perderán su esencia.

La noche avanza y deja a su suerte a este soñador;
las palabras y los versos que ya toman su sabor;
suenan y repiten la verdad que tú conoces,
te revelan, sin mentirte, en tu mente, estas voces.

La fría y oscura noche me lo dice cual reproche:
"Me has quitado y has logrado que mi estrella esté a tu lado".

Y cual bella melodía, todas estas palabras me deleitan,
porque yo sé que, mi vida,
nuestros corazones juntos se encuentran.

No me cansaré de repetirlo jamás, no una vez más,
pues esto es verdad, no quiero llorar, no lo voy a lograr.

No descansaré si esta noche es cruel
y me niega soñar contigo, no, no, jamás lo haré,
si esta noche el destino me niega estar contigo.

Cerraré estas hojas, y la mano dejará de hablar.
Mis oídos, de escuchar tu voz, atentos están,
seguro, así están, pero sigue leyendo.

Y así sabrás que no lo quiero evitar, no lo vaya a lograr
que tus ojos se aparten de esta humilde y frágil sinceridad.

Cerraré mis ojos, y tu mano conmigo voy a tener.
No te soltaré y, por favor, sigue hablando, no me vaya a perder.
Me servirás de guía, y aunque sonrías, me lo vas a creer.

Mis letras lo dicen, mi boca repite: "te veré al amanecer...".

Cuando lo más bello del amor o un ser
se pueden ver fuera del sueño,
me doy cuenta de que la realidad
de este mundo no es tan sufrida.

El verte me recuerda que existe el amor en mi vida;
ahora lo sé y lo puedo entender... sin ti jamás viviría...

Luz de luna

Soñaba con la posibilidad de conocerte.
Me parece recordarte, de aquí o de algún otro lado,
pero creo que sólo yo, te he visto en mis sueños,
esos sueños de los que nunca te quisieras despertar.

Pensaba en la manera de acercarme, y que notaras,
que, sin hablar, tú ya supieras lo que eres para mí,
sin embargo, el tiempo pasa y ni siquiera me decido.
Estoy llegando casi al punto de volver atrás.

Me quedo callado, aun teniéndote a mi lado;
intento, tontamente, no dejar salir de aquí,
de mi pecho, todo esto que yo siento ya por ti,
como si bastara, entonces, mi mirada y sonreír.

Y es tu luz…, esa blanca luz de luna,
la que me tiene aquí despierto, sin poderme dormir.
Te pido, amor, cierra por favor tus ojos,
que tu mirada da ese brillo con el que te conocí.

Porque es tu luz… lejana como está la luna.
Aunque te veo cada noche, no estás al amanecer.
Te pido, amor, quédate esta vez conmigo.
Ahora el sol será testigo, de tu mirada y tu sonreír.

Platico en las mañanas, al espejo, que te vi.

José Luis Charles González

Sonrío y me reprocho, porque otra vez no estás aquí.
Y sigues tú brillando, sólo en mis sueños, corazón,
y me quitas, de paso, mi descanso y la razón.

Deseo que me digas el porqué de tus ausencias;
quisiera preguntarte esa y muchas cosas más.
Nuevamente me resigno, si despierto, no estarás,
imagino que, muy lejos, hoy de aquí tú ya te vas.

Es esa luz… tu blanca luz que me ilumina,
tu luz de luna que me llena y ya despacio me domina.
Te pido, amor, no abras ahora la cortina;
no saldrá el sol, y seguirás, de aquí, ahuyentando la rutina.

Porque es tu luz… la que hora no termina
de sorprenderme y castigarme, al despertarme y no encontrarte.
Te pido luz…, fría y clara luz de luna,
que no me dejes despertar, sin tu recuerdo en mi mente.

Hermosa luz, ya no cierres más tus ojos:
deja que salga su brillo y que se borren los enojos.
Bendita luz, eres lo que más deseo.
Que acabe todo, pero tu luz y tu mirada estén en mis sueños.

Hermosa luna…, dime si mañana volveremos a tenernos.
Mi luz de luna…, dime que esta vez ya no despertaremos.
Sueño tus ojos, esa sonrisa que ilumina y que despierta fantasías.
Siempre tan mía…, mi luz de luna que amanezca…
Que de mi lado no te ausentes y que contigo yo envejezca.

Sigues, luz de luna, provocando amaneceres sin mañana y
crepúsculos finitos.

Pensando

Te quiero...
Mi corazón va más rápido que mi cerebro...
Pienso que te quiero..., quiero pensar que te quiero...
Pienso que te quiero... pensando quererte...

Quiero pensar que esto es cierto...
Quiero pensar que tú me quieres... y que piensas que te quiero...
Porque pienso que querer... es algo más allá de querer pensar...
Es algo como querer hacer... querer hacer algo como quererte...

Después de pensarte y de tenerte...,
después de buscarte y de encontrarte...,
después de hablarte y de escucharte...,
después de verte y de perderte...

Sólo pienso en quererte..., lo haré hasta la muerte...
Sólo pienso en amarte..., no sé si tú a mí...,
pero, al menos, yo sí... yo sí pienso quererte...,
quiero pensar... que también es amarte...

Pienso pensar... sin saber lo que digo...
Quiero pensar que sabes lo que es quererte...
Queriendo pensarte...
Amarte... y quererte...

En las sombras

En silencio todo está, y pienso.
Pueden, incluso, los latidos oírse
acelerados y, poco a poco, calmados.
Detenerse casi pueden a ratos...

Ha sucedido lo inimaginable,
lo que ni siquiera decir podía.
Todo en tres segundos se ha resumido,
todo simplemente aquí ha ocurrido.

Nuestro encuentro ha transcendido,
de lo que cualquiera haya querido,
de lo aquí humanamente sucedido,
lo rescatable... es lo así merecido.

Uno, dos, uno, dos, y no para...
Lo escuchas primero, pero es el ritmo.
Sientes lo que es antes de escucharlo,
lo que al silencio precede y no logra ocultarlo.

El cíclico movimiento de la acción,
tu inhalación y la ausencia de ti.
Ya calmo todo es y, de pronto,
sentido cobra todo, a tu lado, lo sentido.

José Luis Charles González

Uno, dos, uno, dos, las sombras,
y esa luz que sobre ti resbala,
que deja ver menos de lo que tú eres,
que sin juego me va dejando ya más ciego.

Siento que terminase en este segundo,
ya no es uno, dos, ya sólo es uno, y va
sin dos después de cada paso, sin ti, solo.
Ahora mis latidos se detuvieron todos.

Flotando en esta especie de sombra iluminada,
no siento el cansancio, no siento la nada.
Ahora me doy cuenta y, sin saberlo, he muerto.
Que a la vida dije adiós, eso ahora es algo muy cierto.

No la extraño, pues al perderla te he ganado.
No la añoro, pues sin ti segura o seguro sin ti lloro.
Agradecido estoy de tal oportunidad ganada,
sin lucha prestada o sin siquiera ser merecida.

No hay uno, dos, sólo uno que, sin su dos,
ya no presta oídos, ya no tiene tu voz,
sólo flota en esta sombra iluminada
por esta frágil vela ante el impetuoso viento.

A punto estaba de extinguirse, cuando te vio.
Supo entonces que, primero, habría de suceder,
detenerse los latidos, detenerse de una vez,
a la primera amarte, y siendo esta la última vez…

Ya no siento nada, pues todo me has hecho sentir.
Ya respirar no puedo, y mis ojos se han cerrado,
pues cuando te conocí, cuenta no me di,
que vivido no había y que muerto pronto estaría.

Despertado he luego, y todo esto no ha ocurrido.
Volteo y, en esa sombra iluminada, estás aún,
y el primer rayo de luz, ahora lento, desnuda la primera curva,
de tu silueta en mi lecho, aquí junto a mí, aquí junto a mí.

Y es nuevamente, uno, dos, uno, dos.
se siente a ratos lento, a ratos, acelerado.
Dentro de mí, acelerado y abriendo a mis ojos
tu iluminada sombra que vivir me seguirá permitiendo.

Agradecimientos

A Dios, por su amor sin medida y su gracia, por estar siempre presente en todas y en cada una de mis decisiones, por darme el regalo de la vida a través de mis padres y por permitirme tener la capacidad de expresar mis sentimientos de esta manera.

A mis padres, José Luis y Laura, que me han ayudado en mi formación como médico, como escritor, como hijo y futuro padre, pero principalmente como ser humano, dejando en mí una huella imborrable y un ejemplo único y magnífico por superar.

A mis hermanos, Héctor y Laura, por compartir junto conmigo nuestro camino como hijos en una gran familia, por enorgullecerme de sus logros y sus triunfos, pero sobre todo por ser ejemplo de mejor amigo y amiga, en nuestros buenos ratos.

A mis amigos, por su apoyo y motivación ante la adversidad cuando esta se presenta, por compartir conmigo la felicidad cuando la vivimos y por dividir conmigo las penas cuando estas nos recuerdan que nunca dejamos de aprender.

A mis colegas, por acompañarme y dejarme acompañarlos en nuestro camino de hacer el bien sin mirar a quién, de salvar vidas, pero sobre todo, de alegrar corazones y brindar esperanza a aquel que intenta conservar o recuperar su salud.

José Luis Charles González

A mi pareja, por todo el amor que sé que será capaz de darme, por todo el apoyo con el que nunca dejaré de contar, por tantos momentos de alegría y de felicidad, por nuestros sueños hechos realidad, por ser mi compañera en las buenas y en las malas, por ser mi mejor amiga y mi alma gemela, por nuestros hijos, por compartir conmigo la vida de fe en Dios, pero sobre todo, por el día en que la pueda conocer y unamos nuestros caminos.

Y a todas aquellas personas que, directa o indirectamente, con su apoyo y consejos, con sus golpes y ausencias, con sus esperanzas y sueños, pero sobre todo con su amor y confianza, hicieron posible dar forma a *La primera curva*.

Índice

Ese extraño poder	5
Atado a tu piel	7
Gracias por existir	9
¿Hay salida?	13
En ausencia de ti	15
Estás aquí	19
Sinceridad	23
Vuelvo a nacer	25
¿Perdido?	27
Te imagino así…	29
Destino	31
Momentos	35
Pasarán	39

Amante	41
Por ti	43
Diez cosas	45
Mientras quede luna…	47
Otra vez a ti…	51
¡Hoy no!	55
Un buen día conocerte	57
Tus ojos	61
Quería que supieras…	63
Luz de luna	67
Pensando	69
En las sombras	71
Agradecimientos	75
Índice	77
Editorial Libros En Red	79

Editorial LibrosEnRed

LibrosEnRed es la Editorial Digital más completa en idioma español. Desde junio de 2000 trabajamos en la edición y venta de libros digitales e impresos bajo demanda.

Nuestra misión es facilitar a todos los autores la **edición** de sus obras y ofrecer a los lectores acceso rápido y económico a libros de todo tipo.

Editamos novelas, cuentos, poesías, tesis, investigaciones, manuales, monografías y toda variedad de contenidos. Brindamos la posibilidad de **comercializar** las obras desde Internet para millones de potenciales lectores. De este modo, intentamos fortalecer la difusión de los autores que escriben en español.

Nuestro sistema de atribución de regalías permite que los autores **obtengan una ganancia 300% o 400% mayor** a la que reciben en el circuito tradicional.

Ingrese a www.librosenred.com y conozca nuestro catálogo, compuesto por cientos de títulos clásicos y de autores contemporáneos.

www.ingramcontent.com/pod-product-compliance
Lightning Source LLC
Chambersburg PA
CBHW032031230426
43671CB00005B/280